Die LYRIKEDITION 2000, begründet von
Heinz Ludwig Arnold, wird von Norbert Hummelt
herausgegeben

I0155362

Das Buch

Reine und klare Verdichtungen – das ist, in den eigenen Worten des Dichters, die beste Beschreibung der zehn Zyklen, die in »so beginnen am körper die tage« versammelt sind.

Ein Vierteljahrhundert nach ihrem ersten Erscheinen haben die frühen Gedichte Gerhard Falkners nichts von ihrer kühlen Leuchtkraft eingebüßt. So rar und kostbar, ernst und cool, zart und eisig, wie sie sich zeigten, wirken sie noch heute, vergleichbar mit den frühen Gedichten von Stefan George ein Jahrhundert zuvor. Der kalkuliert hohe Ton, den sie ganz gezielt gegen jede sprachliche Nivellierung der Grenzen zwischen Kunst und Alltag anschlagen, hat sie frisch gehalten, stimulierend für eine junge Lyrikszene, für die sich stellvertretend Steffen Popp im Nachwort äußert. Der titelgebende Zyklus »so beginnen am körper die tage« erscheint hier erstmals seit seiner Publikation in einem Privatdruck von 1978 zusammen mit den Fotografien von Johann Lorbeer. Falkners legendäres Debüt liegt endlich wieder vor.

Der Autor

Gerhard Falkner, geboren 1951 in Schwabach, lebt in Weigendorf und Berlin. Mit den drei Gedichtbänden »so beginnen am körper die tage«, »der atem unter der erde« und »wemut« setzte er in den achtziger Jahren Maßstäbe für eine neue formbewusste Dichtung in der Nachfolge der klassischen Moderne. Unversöhnt mit der marginalen Rolle, die der Kulturbetrieb dem Gedicht zumutet, schwieg Falkner als Lyriker elf Jahre lang, veröffentlichte in dieser Zeit aber u. a. den kritischen Essayband »Über den Unwert des Gedichts«. Mit »Endogene Gedichte« meldete er sich zur Jahrtausendwende zurück und hat sich seither auch als Mentor und Vorbild einer nachwachsenden Dichtergeneration wieder in den poetischen Diskurs eingeschaltet. Zuletzt erschien sein langes Poem »Gegensprechstadt – ground zero«.

Gerhard Falkner

so beginnen
am körper die tage

Gedichte

Mit einem Nachwort von Steffen Popp

LYRIK
EDITION
2000

»so beginnen am körper die tage« erschien zuerst 1978 als Privat-
druck mit Fotos von Johann Lorbeer. »ich verlasse, julia, dein land«
erschien zuerst 1980 als Privatdruck mit Lithographien von Peter
Kampehl. Dieses Buch erschien erstmals 1981 im Luchterhand Verlag,
Darmstadt.

Weitere Informationen über den Verlag und sein Programm unter:
www.lyrikedition-2000.de

Bibliographische Information Der Deutschen Bibliothek

Die Deutsche Bibliothek verzeichnet diese Publikation in der Deut-
schen Nationalbibliographie; detaillierte bibliographische Daten sind
im Internet über <http://dnb.ddb.de> abrufbar.

when I consider the curious habits of man
I confess, my friend, I am puzzled

ezra pound

zu wild, zu bang ists ringsum, und es
trümmert und wankt ja, wohin ich blicke

hölderlin

LEICHTWASSER; WOLKEN –

ALLENTHALBEN BLÜHT SCHON DER SEIDELBAST
der märz zerfleischt den letzten schnee
und zähmt sich eiserne finken, wäschestücke
in den wind gegurtet, knallen an die wand
man darf sich auf wärmere tage gefaßt
machen, das frühjahr wird seine cellophane
schweifen lassen bis hin an die unzerstörbare
trugdolde der hochdruckkessel, schneid mir
das fleisch aus, wo es vom winter noch
schwarz ist, sogar der schrott wird blühn
bis tief hinein in die siedlungsdichten wird
er blühn, wir nehmen uns ein billiges hotel
für solche flitterwochen
falls man uns dann findet, – ingrimmig hoffende
wird auch dort die nacht schon gewesen sein
mit ihren verhüllenden tüchern

MIT AUFGEKREMPELTEN WOLKEN
tritt schon der herbst auf den plan. er flippert
mit klickenden nüssen, sein sturzbarocker
wald funkelt an die nervenzelle
eine überdosis rot
und auf den äckern: nebelsättel.

die stadt
            so sie noch nach cognac
riecht und bauxit, braucht davon nichts
zu wissen.

            innerlicherseits, und das gewiß
nur für momente, überflügelt eine heillose
freude das mit untrost verschandelte herz

BLUNA, DUNKELSÜSSER NAME
schutzmarke frühester lichtjahre, untergetaucht in
blaubeurischen kastanien, eklipse des
nierentischchens
                              später hat man
manhattan gesehen, erigierter beton
unbehaarte, gemörtelte steinzeichen
aber auch dies eine beharrliche blüte
besucht von flinken, glitzernden
                              helikoptern

ABERMALS STECKST DU DIE STUNDEN IN BRAND
hochsommerlich flüsternd, nur vom takt der
pfennigabsätze durchlöchert, schwärmst du
lissabon war wahnsinn, riesiger mittag, in
den hotels das flimmernde minutenglas liebe
überbelichtete parks, in die sich getüpfelte
nachmittage ducken wie leopardinnen und vor
allen türen autos, die heimlichen totems
blitzend wie stanniol oder angestacheltes
chrom, so türkst du dir alles zur freude
nur manchmal wird deine stimme heikel vor
ein paar spürbar tödlichen begegnungen

MANCHES IST WACHS ODER BLECH
und manches verdorrt oder blüht
oder reizt eine feine platine

doch wird es nie für irgendetwas
zeit

die grünen feigen deiner haut,
die lieb ich sehr, sie rasten den
puls aus, führen den flügel der worte

in toxische höhen. dennoch wird
nicht lange gefackelt, man faltet das
gebirg auf, man tätowiert die

ländereien mit beton, lockspeise
am zünglein der verstörung

ICH VERLASSE, JULIA, DEIN LAND

HALSÜBERKOPF

weil ich die pipelines liebe
und wie stahl sich fortpflanzt bis addis abeba
verlasse ich, julia, dein land, heimat
der demoskopien und verwünschungen
laß dich sitzen auf deiner rosenscherbe
die du hoffnung nennst, – eine deutsche parole
bis ein grüngeschleierter regen dich aufschreckt
bei weissagender asche, aus der du, unkenntlich
geworden vom warten, ein wort klaubst, schillernd
wie addis abeba

DIE TAGE HABE ICH MIT DEN FINGERN GEZÄHLT
deine und meine, hab mir wie theseus
ein segel gefärbt, das nicht schwarz war
geschlafen, getrunken, dich arglos umarmt
als die augen, die schamversperrten, einander
schon fristen gesetzt, den stehaufstunden
zum gespött.
jetzt will ich fort, denn ich weiß
daß der hagel den weizen erschlägt
und im rebstock der frost meinen rausch
weckt, doch nicht wie das segel werde ich
deine füße vergessen, die vielverspielten

ALSO HAT UNS DER LEISE RAUM
entmachtet, seine klare, eisige linie
ohne einspruch, die unerbittlichkeit
der geräte, die lampe, der tisch
das erdbeerfarbene staubblatt des
sommers am äußersten ende des atems
wo unser bett steht, wo die linien
einbrechen in ein warmes gewölbe
einen schwall lodernder luft, weil wir
vergeßlich und hartnäckig sind
gegen das schallende blau anderer tage

MANCHE, SAGT MAN
lieben die welt wie sie ist
ihren mandelsüßen morgen, das steinerne echo
der städte, die opale des klaren april
lieben den durst, den lärm und noch das steile
gottlose gefälle von der zärtlichkeit ins zerwürfnis.
sie lieben, sagt man
die strahlenden, die am rebstock
zerschellenden winde aus ithaka
vor den unerfindlichen blicken ihrer polaroids.

was liegt da an dir, julia
die dir schönheit ein flatterding ist
das strauchelt vor deinen augen

SOLL DENN DIE ERDE VERBLÜHN
und ohne mich das frühjahr
sich vergeuden, herzjulia, bloß weil
ich deine federn teile, weil dein rock
in meinen landesfarben weht.

einst hab ich dich berührt wie mit
dem finger eine wolke, um jede schnapszeit
hab ich dich erkannt von san francisco
bis babylon und morgens lag da schnee
auf deinen hüften, das war kein schnee.

nun huren meine tage hier um jedes
bißchen licht und meine zunge spielt
verrückt mit meiner muttersprache

MANCHMAL

ist der himmel wie ein stück papier
eine sonne ist darin verwickelt, ein paar schwalben.

dann bricht der juni an, ein narzissengelbes
schwebefeuer, und ich schau nicht heimwärts
julia, ob du durch die korridore gehst
mit delikaten und flatternden schritten
als würdest du mein herz wittern in dieser
zum schreien milden nacht
oder ob, vor einem glas coca cola
deine lippen wie grillenflügel zittern

ICH VERSCHWINDE, JULIA

die erde, unvererbbar und süß
verschleißt meine schuhe und stunden
ein wind hart wie quarz
fächert den samen der stirn auf, mein blut
blüht nicht rot, julia, und nicht anders.

ich seh dich am fenster. die augen
die witwen, folgen da draußen
der straße

UNLAND

MEINE TRAUER SOLL SEIN
wie ein vom tode durchduftetes herz
an keinem gefallen gestillt
ein herbstlich gesonnenes spiel

NOVEMBER IST, DIE ERDE IST RAUH

esse ich von der lippe das kaltgewordene
öffnet mein biß einen leisen boden
schlüpft eine dunkle aster aus
keimen dem herbst im geschirr
süße windfäden aus betäubter speise
fächert mein goldhorn die krone
auf deinem fast blattlosen bauch

ES VERDROSS MICH VON JE
wenn morgens du kamst, – bei verschollenen schläfen
raubworte sprachst nach bitterem brot
wenn an dem frischgebrachten obst
dem apfel und den äpfeln du zeigtest
wie die gestalt der erde und des apfels
mit dir zu tun habe, mit deiner gestalt
deiner erde, und deinen äpfeln.

später, es mag ein herbst oder ein zweiter
in großem genuß vergangen sein
du warst kugel gewesen, und mutter
und abermals kugel
traf ich dich, – den bettelworten nahe

UNVERWANDT STARRST DU MICH AN
von fern deiner inneren ödnis
von fern dem versteppten verlangen
nach dem uralten brauch
der umarmung und tötung
kriechst du herauf an dem auge
trägst du im auge ein unerbarmbares glänzen
aber findest mich blind.
findest mich ebenso blind.
findest mich ohne erbarmen

NIE WIRST DU, SOLLTE AUCH EIN KÜNFTIGER HERBST
seinen bittersten kuß dir gewähren, nie wirst du
eine immer ungefällte, biegsame
nimmerbedrohte
nie wirst du von diesem taumel kosten
dort unten in deinem späteren jahrzehnt

DOCH DU BIST SCHÖN, EIN ZELT DUNKLER TULPEN
in deinen kelchen ruht das warme
unentbundene rot, glanzvoll wie
die frischgeschälten tage vor der
geburt, eine kirsche bist du
der wir den puls öffnen, ihr süßes
reservoir verschämter schwärmereien

DU, SPIEL MIT MIR NOCH EINEN HERBST
ich liebe den tod und die vögel
in seinem klang, den rosenschaum
mit dem er deine haut berührt
und wie du mit den lippen bist
wenn sich dein nacken seinen winden
beugt, den rauhzarten

ICH SEHE MIT EIGENEN AUGEN
den rollenden helm des septembers
ein blanker schädel, überflogen
von der kieselgrünen härte des morgens
so kugelt erkaltet, wie vom blatt
einer sichel das geschorene land

grau ist, vom bengalischen schweiß
der kartoffelfeuer, die gegend
in der dein rock schlägt, scharf
wie eine abgefackelte kranichschwinge

KÖSTLICH UND WIE LICHTSCHILLERNDE VÖGELCHEN
die stunden, die du aufträgst, duftend
nach den unstillbaren momenten, da wir
ihnen das herz brechen, um erfüllt ihr
innerstes auf die zunge zu nehmen, ihren
leise verflogenen tod

ÜBERLADEN MIT GLÜCKLICHEN GERÜCHEN
kehrst du zurück, bist munter, seinen
herben atem schlägt dein mund auf
ein septemberzelt dem verabredeten
kuß deiner goldgrauen zunge
so nimmst du die entbehrungen von mir
nimmst, da du den moment anherrschst: steh!
noch dies letzte, den göttlich-verschwiegenen
unbegreiflichen augenblick

WAS DU WILLST, SAGT DU, IST IRDISCH
eine sizilianische frucht, ihr zerbrochenes
warmes fleisch, etwas, das deine hand
umschließen kann, bis darin der
tausendschöne geschmack des todes
verrauscht ist
                              eine erde
unverändert seit den epochen
des gedichts, mit allen ausschweifungen
ihrer krähne, kessel und tiefbauten
leuchtend bis ans ende der kabeltrommeln

PHANTASIE FÜR EIN FAGOTT
VOM FEDERLEICHTEN KNOCHENSTOCK

WOGEGEN ICH NICHT SCHWEIGEN KANN
dagegen laßt mich singen

laßt mich, in der hand den federleichten
knochenstock, den sonnengebleichten
                    mit dem hohen, steifen hut
ein und ausgehen, zu den zerwürfnissen eurer ehen
oder den abgelegenen lagern eurer freundschaften
zu den botschaften und herrenhäusern
hinter den boshaften verwaltern.
verwehrt mir nicht den eintritt in eure banken
                          mit dem panzerglas
oder den einblick in eure hefte, in denen ihr
wucher treibt
mit dem winzigen silberlingen eurer sprache.

laßt mich teilhaben am wechsel eures geschmacks
und eurer vorlieben, den braunen nachsommerphantasien
eurer idiotischen erinnerungen.
                          auch ich habe
mit eigenen augen die heimlichkeiten von männern
und frauen gesehen:
                    ihre würfelspiele, ihr
abgeschmacktes, glückloses gered, aus dem sie
ihre tragödien errichten
wie dröhnende monolithe.

laßt mich bei der rotglut der ziegelsteine
in den abenden des oktobers durch die fränkischen
örter gehen und den zuckenden
                          abgeblätterten birnbaum
sehen mit seiner zerissenen rinde
oder den gelben arsch des mondes in einer milchpfütze
und hören, wie es ihnen erging
den fränkischen bauernschädeln im kalten sibirien.

ladet mich ein zu euren jubiläen, den
geometrischen feiern eurer beziehungen
in denen ein
unerschütterliches gedächtnis für die knoten zählt
wo ihr das know how der unterwerfung lernt
wenn ihr jung seid
oder übt, es nicht zu vergessen
wenn ihr älter werdet –
bei getrüffelten pasteten
bei schwarzgeräuchertem
beim genuß einer farce aus dem bauch der spottdrossel.

laßt mich, wenn ihr eure hunde liebkost
eure katzen zu euch nehmt
oder euer vieh totschlagt
hingehen
mit dem federleichten knochenstock und dem hut
mit der listigen krempe.
was geht euch denn
das lied unter diesem hut an

wenn eine dicke, aufgeblasene windhose kommt
die euch die federn vom kopf reißt und die
zierleisten von eueren jacketts, wenn sich nebel
über euch breitet, eine große, graue fahne vom
obersten zum untersten wirbel, wenn euch einer
den eid abnimmt und damit abhaut, weil er
ausgesorgt hat.
was macht das schon.

laßt mich zusehen, wie ihr ruhig
eure gäste zu fall bringt, euch unter den tischen
die zeichen zurückgebt, die ihr euch über dem tisch
mit den augen zugesteckt
in der hand ein glas

aus tiefen zügen die süße zerknirschung zu trinken
wenn ihr euch schürzen und hemden besudelt

unter prustenden witzen vor blitzendem geschirr
dem kühlen steingut unterster gedanken
seit frauen und männer gedenken.

laßt sie mich abschreiten, die küste
eurer nachtgedanken, wenn ich mit dem wind zusammen
in einem hemd stecke, den dunklen kelch der tulpe
aufblase
       wenn ich es satt habe
wenn eine weiche vorstellung meine hüfte beschleicht
die sich nicht töten läßt
                allein:
so laßt mich doch gehn
mit dem schweren knochenstock
und meinem roten
schabbesdeckel

CAPUT MORTUUM
für nora

TIEFINNEN, IN DEINEM ZIMMER, HOCKST DU
und horchst in die blasende zeit
    eingefleischt
der nature morte schlohweißer wände
wie eine aufgeschlitzte burgundertraube
    verjubelst du
die ibisgesichtigen todesverbote der
neuzeit, master of desaster narkotisch
roter punkparolen an den brandmauern
der stadtnacht.
                ländlich dagegen geht
schon wie junger most der märz

NEON, IM AUFGERISSENEN FENSTER NUR EINE BLASSE
lichtgräte, draußen
           die nacht schmeckt nach zimt
wie dein zimmer. sag bloß nicht: finisterre, –
ende der erde, zu diesen von der dunkelheit
aufgeriebenen wänden, diesen übers knie von
schatten gebrochenen stubenecken, das wäre
geschwärmt
           denn zertrennlichkelt ists und
neurotischer frost, die uns beuteln, wo nicht
über leichteren gründen, windblütlerisch
heimlich, die augenblicke ums glück zocken

DIESER WIE AUF FRISCHEN ERDBEEREN ANBRECHENDE
morgen, diese mit süßem frühjahr verbackene
luft
        was hat die abgefuckte welt denn
ihresgleichen, da wir dies jahrzehnt
durchschreiten, in luxus verstrickt, in
klangharte diagramme unter zutotnahme der
regel, autistisch, zu einsamkeit ergrimmt
bis in die fingerspitzen, erblindet wie krüge
am staub enträtselter nachtlager
dem digitalen grün sehr nah, seit sie, die
rabenmutter natur, uns allesamt vor die tür
ihrer wälder gesetzt

EINE SCHALE UNVERSÖHNLICHER FRÜCHTE
es ist nicht leicht, auszuharren in dieser insomnia
abseits der außenwelten
                                    leiserregte gerätschaften
herrenmöbel im schwefel sonniger rückstände
alles aborte für rätselhafte fluchten, denn
die zeit ist vorbei, wo es dich angestachelt
aus dem haus zu laufen
                                    du hast dich
festgebissen, zur wahrscheinlichkeit verknappt
wie eine sterblichkeitsziffer, leidenschaftslos
winzig, ohne das würzige erdreich schönerer tage
oder die regenrinde der wie austern
geöffneten wälder

BIST DU DAS, EINGEHÜLLT IN STILLE RÄUME
wie von jungem frost, auf den blue jeans
die hand vertieft ins feierabendliche geschick
ihre honigfarbenen knöchel zu wenden, ein
ausgeflippter einakter
die änigmatischen tagesreste von patri & matri
heranlallend, bist das du, in deinem tag
auf deinem fleck
ein vom grund des seins sich lösendes schamblatt
unter dem die geigenden sommer verstreichen

MANCHE TAGE SPANNT DIE SONNE IHREN SCHIRM
in diese vergletscherte zelle, entfacht ihr
bündel lamellen durch die jalousette.

wie küsten erdröhnen dann deine vier wände
in rauschendem gelb, und kupferkannen stellt
das licht in deinen korridor. so fliegt

dir der sommer ins haus. herangereift in
warmknirschenden landstrichen reicht er jetzt
bis an dein telefon; das geht dir zu herzen.

dennoch pflückst du weiter den staub, belle
de chambre, oder stillst mit pharmazeutischen
küssen den taubenkranken bildern das blut

DU STEHST NUN VOR DER ZEIT
wie vor gebleckten zähnen
       eine pose tutta la forza, denn es ist
unwirtlich geworden in dieser abgeschalteten
umgebung
       eingeebnet die stube, am fenster: –
reseden, und frust trennt wie ein scheitel
dein herz in zwei leuchtende kotflügel
die iris verklebt
         vom kindspech sehr junger
jahre fürchtest du das overkill der
liebkosung samt solchen, vom frühjahr direkt
ins blut gebrockten köstlichkeiten

DIE FEIGE HAUT

BEISEITEGELEGT HAST DU SCHERE UND LICHT
wie wohl der abend deinen augen tut, hast
du in seiner hand die hand gelöscht, im blut
den docht gezeigt, den seine flamme aufgeschnappt
geschweigt, da er dich wie sein blatt gewendet
leichtes blatt, als ich mit meinem hut durch
diesen engen wind gegangen bin, bis obenhin
nur wunde diesem wind, sag, deine haut
hauchdünn, am kopf von meinem schlag zerrissen
hat er sie gebissen, tat es gut, – die haut
hat sie den schall gespürt, riß es da neues blut
ans licht, sein stürzendes besteck, befleckt
wie silber schwitzt, hat es geblitzt und dir
das licht zerdrückt: das licht

FREILICH FLIEGEN DIE VÖGEL
nimmt er dich auf sein korn
dein bauch wird weiß, bald
weiß ich auch, auf einen
dorn gesteckt stirbt ein insekt
der sommer leckt daraus
den schweiß, daß es verdirbt
sehr leis geht dein geschlecht
entzwei, die stunde wirbt
um diese stelle, allermunde
reden nicht, kein sterbenswort
es fliegen alle vögel fort

EINGELAGERT IN DIR HAT DIE NACHT IHRE SALZE
du zeigst seiner zunge, dem schatten
ihr helles kristallkraut, ein schimmer
so rinnt es euch staunend durch offene hände
da fällt ihm der schlaf aus dem muskel
auf deine erschrockene lippe, du nimmst
und zerreibst seine seufzer mit trockenen
fingern, das silber, ihr streut es verstockt
in die schaukelnde stunde, ihr eßt von der leise
sich daraus entblätternden rose, so öffnet
ihr atem und salz

MEDUSA

ICH HABE, MEDUSA, DEIN AUGE GESEHN
in den großen tagen des lichts erschien es
zur ernte, als die steine aus dem schatten
des roggens zurückkehrten in die trockenheit
der furche und der staub abends aufduftete
wie zum feuer.

ich habe, medusa, dein auge gesehn
als ich die haube trug aus weißem asbest
und mein glied umspannte, die feste
frucht blauen metalls, damit ich das
feuer erfrische, wenn es zur seite sich legt
eine dunkelnde garbe.

was willst du, hast du gesagt, was willst du
tot sein, habe ich gesagt, stein sein
nichts mehr wollen und nichts mehr werden
nur den gesang noch schüren, bis die glut
rosig in mein erstarrtes gesicht fällt
wie scham.

geh nach new york und küsse den stein
hast du gesagt, geh nach london, spür
sie im dunkel, die stadt, in marseille
wenn der hafen den atem der fische anhält
folge dem flüchtigen wink einer frau
in den schatten.

ich habe, medusa, dein auge gesehn
dem man dies, und jenes, und den schreck nachsagt
aber mich abgewandt, wie ich mich abwandte
von den frauen und ihrem trost
der mir sagte: sprich dein gedicht
in den staub

SÜSSE UND SCHATTEN

AM MORGEN, IRGENDWANN
in dieser scheppernden, klaren vorfrühstücksluft
wenn der harte tarock der giebel
ein versponnenes rosa aufblättert
die antennen, federnd, windsverwandt
lichtriemen in die karten peitschen
oder die steine der fleischbrücke
ihre schatten übers aprilwasser bücken
weil im abschaum eine purpurlocke aufblitzt
wie der taumelnde schrei einer schwalbe
da atmet bestürzter mein herz den kühlen
grauen geruch morgendlicher straßen, da stecken
die blicke in den dingen: wie goldnägel

BLUTÜBERSTRÖMT MÖCHTE ICH und schweißverklebt
auf die straße laufen, in den lungen
die wildnis des grams
möchte ich mit diesen gottvergessenen augen
die keinem gehören, strahlend und atemlos
dastehen, an den händen verkörpernd
den brauch der gewürze: süße und schatten

FRÜHSCHATTEN, akazienschirme auf den
kopfsteinaugen der königsstraße
das gassengestirn einer grünen reklame
wischt im kleinen kreis seiner leuchtkraft
in stumpfe rückstände aus herbst und mehl.

ein gestriges, halbhelles zittern
streift die bagatellen einer sehnsucht
einsam und grell

GRÜN WIE DER NACKEN DER STOCKENTE
grüner als grün
so schäumt in den pappeln
der abend
ein scheuer diskurs sich verschleiernder
zeichen. halbwertzeit
der freude, sie blüht im mai
im herbst geht sie flöten.

flieder, metall, ich rieche sie beide
spüre sie quellen
                bin mit dem finger
so nah daß ihr sein sich mir zufügt
wie ein süßer schwarm winziger vögel
den schleimhäuten.

im trüben, in einem
kronkork zusammengesackten glanz
der straßenbeleuchtung
                  zeigst du mir
die schäbige wurzel des schönen

IN TRÜBEN GÄRTEN DREHN SICH LEIS DIE SCHATTEN
ein grüner staub tropft still auf die terrassen
die wiesen sind ganz in kristall gelassen
wie wasser leicht bewegt im saum der platten.

die trüben gärten rauchen von der schwüle
die starken bäume trommeln stumm ins blaue
mein auge pulst darüber an die braue
ein vogelflug berührt es wie das kühle

DU SCHLÄFST UND LIEGST BEI DEINEM HAAR
dein weißes bein ist aufgestellt
und ich, darauf es ruht, ich bin die welt
bedrückt von deinem schlaf, bin die gefahr
die leise deinen traum in atem hält.

du schläfst und liegst bei deinem haar
ich hab ein flüstern in dein ohr gebettet
es spricht zu dir, daß ich der abend war
die trunkenheit, das zittern im pessar
es spricht zu dir die sprache, die mich rettet

SOMMER WAR UND SOMMER NUR
eine brise leichter laute
lichter nächte wolkenspur
ihres körpers braune raute

zart war sommer wie lasur
in der beuge ihrer hüfte
falteten sich königsblau
schimmerbilder heißer lüfte

sommer war, wer sie berührte
spürte, wie es leis wie tau
ihre augen überführte
in ein sanftes ungenau

LIEBER KÄM ICH VON SÜDEN – mit der blutschleuder
ohne das schnarrende herz
voller inbrunst und argwohn.

lieber peitscht ich das gras mit der rute
hinauf in die stilleren gelände
zu den schlöten der pappel.

lieber wär ich dröhnend der schlächter
der den bullen ausbeint
der wird, ohne sich zu sehnen, deswegen.

wo soll ich denn hin im september
in die ockergrube etwa, oder
herauf in die darren zum staub

SÜSSLICH, VOM VERFALL ERFÜLLT
sinkt der früchte überreifes
fleisch, schon von schimmern
beginnender fäulnis verhüllt
in eine betäubtere form.

wir, die die verstörung fühlen
gehen schmerzlicher nach kühlen
zimmern. wo ein strahl im staub
schwimmt
lindert sich der augen flimmern

SO BEGINNEN AM KÖRPER DIE TAGE;
ZART
WIE EIN AUSGEBLASENES GRAU AUF DEN
AUGEN

SO BEGINNEN AM KÖRPER DIE TAGE; ZART
wie ein ausgeblasenes grau auf den augen
ungesondert von sporen und schweiß

so beginnen im auge die bilder, zögernd
unter den eingerollten fahnen der haut
den organen ein milder, grübelnder reiz

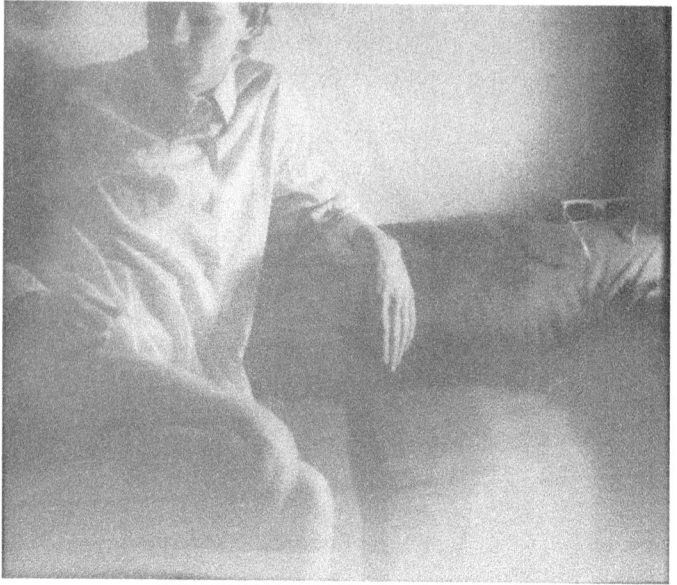

SIEHST DU, ICH HABE DAS AUGE AUFGESTEMMT
mit dem werkzeug der stimme
habe ich freigelegt das zittern seiner linse.

ich habe die netzhaut durchlässig gemacht
für den einspruch der körper
ihre ratlosen schatten und stürze.

ich habe seine krümmung verspannt mit dem
vertikalen fall des fleisches
außen, abseits, ans unerträgliche hin

UNENTBEHRLICH SIND UNS DIE SPIELE, DIE STUNDEN
sanfterer fieber um die einsame achse des körpers
sind uns die blicke, ihre rötungen und köstlichen
lichtgepflogenheiten, sind uns, gewürfelt, auch worte
für die wir uns öffnen wie becher, wie becher
aus denen das blut ans licht rollt.
betrachtet dagegen die zeit, betrachtet die zeit
den dorn, der nach dem auge geht, dem offenen
dem verschlossenen geschlecht

ALLES, DAS JE GESIEDELT IM AUGE
alles unversehrte, ersehnte
den abenden versprochene
von kindheit an, alles das ich
abgeschaut der leise gewirbelten
brust, das unvorhergewünschte
auf die körper gespielte licht
du hast es, ich sag das nicht
bitter, gelöscht hast du es
du hast es, – blinden lassen

ZEIGE KEINER AUF UNS MIT DEN HÄNDEN.
es kommt für sein auge die zeit, da brennen
die hundstage darauf, da bebt ihm
das licht an die wurzel, die lichtwurzel
das zerreißt ihm im auge die bilder
blendet sie aus, weckt seinen schlaf
den eingefleischten, den unvordenklichen

SPRECHEN WIR NICHT VOM AUGE
sprechen wir vom apfel. der apfel
ist die sich rötende frucht unseres
körpers, er ist die sonnenbeschlafene
seite unseres den witterungen
zugekehrten gesichts. der apfel.
sein fleisch ist süß wie das herbstgeschenk
der bilder. aufgeschnitten ist der apfel der
ungelinderte schmerz der durchtrennten pupille.
sprechen wir vom auge, nicht vom apfel

UND ALS GÄBE ES HIERFÜR NOCH HOFFNUNG
gewährst du meinem auge die rätsel
der gastfreundschaft, deine schläfrige,
keiner anderen speise gleichende nachgeburt
mit der du mich bewirtest, einen fremdling
der daherkommt, bei dir, doch außer sich
die bittere locke des schamhaars zu kosten.

darunter baust du die lichtschranke auf
eine spange aus fleisch und metall

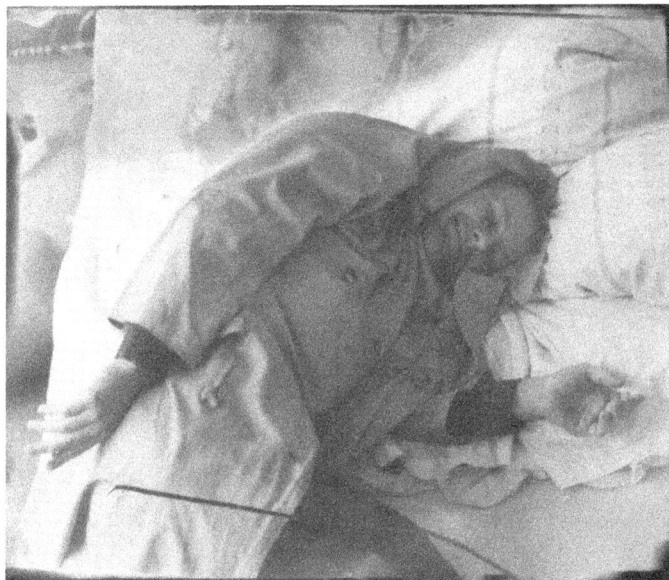

TODESZOTE
SCHWARZKOGLER ZUGEDACHT

TANZEN IST NICHT SACHE DES TODES

mann aus wien, sehr junger mann
tanzen war nie sache des todes,
schwarzkogler, sterben ist sache
des todes, den atem abbinden, den
körper: weiß, herzhaft, lichtempfindlich
zurückverstümmeln in die leuchtende
kurve der geburt, ihre pressangst
und fluxionen. ach meine wörter, ihr
milchbärte, nähert euch den in die
irre gegangenen trommeln, klopfzeichen
in sternschädeln, wien ist ein so
altes bett, ein fluß- und sterbebett
der psychoanalyse tiefes wurzelbett
eine stätte sonderbarster verpuppungen
und spürt, ihr wörter, die fiebernde
wallung der vom katheter ausgekundschafteten
organe

DENN AUF EIN WORT, SCHWARZKOGLER
es ist keine kunst, namen zu haben
für dinge, keine kunst ist es, sie ihrem
ereignis zu entwinden mit dem wort, sie
mundtot zu machen wie schanden, wunden
sterbefälle, schau, die verschleppte
schönheit finsterer kittel, schwarzkogler
wie sie mit schlingen hantiert und
geschliffenen drähten an der erfrühenden
in angst versetzten verletzung, wie sie
sich vorbrüstet an die seit alters her
vom göttergerülps begleitete entmannung.
es wird dann sache des todes sein, den
löffel abzugeben, die hellblaue donau
aus den augen zu verlieren, eine
welturaufhörung als krepierter kokon
eingerollt in die blutige schleife der
                              selbstentleibung

Nachwort

Ich verlasse, Julia, dein Land

Über zeitliche und politische Verschiebungen hinweg oder durch
sie hindurch begegnen uns die frühen Gedichte Gerhard Falkners
wie Pionierpflanzen, übertragen sie Regungen, Gesten und Blicke
aus einer noch jungen, dem heutigen Leser dennoch kaum mehr
begreiflichen Vergangenheit. Ein näherer Blick auf unsere ange-
schlagenen Soziotope macht allerdings klar, dass der lebenswelt-
liche Ruin, von dem diese Gedichte sich mit allen verfügbaren
Mitteln zu lösen suchen, heute nicht weniger zu verzeichnen ist
als im westlichen Deutschland der Siebzigerjahre, dessen geisti-
gen Klimaten sie sich verdanken. Weitgehend aufgelöst in stan-
dardisierter Kommunikation und kanalisiertem Begehren, ist
der Dichter auf seiner Suche nach einem autarken Format selbst
Teil und Symptom des Zerfalls, den er offen legt und zu verlas-
sen sucht. Wo denn beginnen die Tage, wo reichen die Körper ins
Licht – wie ihre Umwelten, reichen die Körper in nichts, und kein
Gedicht kann sie heilen, lediglich ihren Zustand benennen kann
es, ihre Misere verzeichnen. Eine Art Efeu, gelangt das Sprechen
an dieser Kontur, diesen Linien aus Vergeblichkeit und Schmer-
zen, zu einer Form; getrieben vom Willen zur Fassung der Situa-
tion, zur Behauptung einer eigenen Wirklichkeit, entwirft Falkner
seine Gedichte um Momente des Außerordentlichen, Momente
des Intensiven, der unverhältnismäßigen Durchdringung oder ein-
fach nur des Gelingens, die es gegen eine in ihren Verhältnissen
ruhende Welt zu verwirklichen gilt.

Der immer wieder gesuchte, erkenntnisträchtige Bruch mit dieser
Welt ist nicht ohne entschiedene Transformation des Gedichts, der
ihm zugrunde liegenden geistigen, ästhetischen und nicht zuletzt
technischen Einstellung überhaupt zu haben. Falkners Bemühen,
ein der empfundenen Wirklichkeit besser entsprechendes, inhalt-
lich relevantes Sprechen zu etablieren, schlägt sich stilistisch in
einer komplexeren Tonsetzung nieder, der gesteigerten Informa-
tion des sprachlichen Materials und seiner Anordnung, deren
Kontraste und Spannungen die Bedingungen für ein poetisches

Gelingen bilden. Das Verlangen nach einer gültigen Form, die den Horizont des inhaltlich Ausgesagten nicht einfach fixiert, sondern darüber hinaus die in den Inhalten gesuchte Transzendenz oder Unmittelbarkeit eigentlich herstellt, gibt jenseits konkreter Motive das diesem Sprechen zugrunde liegende Maß ab, an dem sich Phänomene und Szenen zu Perspektiven und Ordnungen ausrichten. Die Bandbreite der Werkzeuge, die Falkner einsetzt, um dem verunglückten Sein einen visionären Aspekt mitzuteilen, wird von kaum einem deutschsprachigen Autor dieser Zeit erreicht – obwohl oft genug Außerordentliches gelingt, lesen sich diese Texte als eine beständige Sehnsucht nach mehr, eine Forderung, mehr zu denken, mehr zu wollen, das Interesse poetischer Forschung an den Möglichkeiten des Wahrnehmens und des Erlebens ernsthafter und, vor allem, kompromissloser zu vertreten. Der formal und inhaltlich hohe Ton, an und mit dem hier gearbeitet wird, mag hin und wieder als der Spieß des Verzweifelten erscheinen, ein soziologisches Phänomen, der einer gesellschaftlichen, nicht zuletzt auch geistigen Tendenz zur völligen Einebnung alles Poetischen entgegen gesetzte Turmbau eines Einzelnen. Die Faszination der Gedichte indes verdankt sich nicht eigentlich dieser Haltung des Sprechens, vielmehr der organischen Art und Weise, in der diese sich über dem Gegeneinander von bildlicher Komposition und begrifflicher Dekonstruktion immer von neuem einstellt – wo die attackierte Form als Material und Hintergrund des neuen Entwurfs lesbar wird, ergibt sich der hohe Ton folgerichtig als der dem sprachlichen Gelingen angemessene Ausdruck.

In einer lyrischen Sahelzone, in der außer den Toten Brinkmann, Lavant und Celan, der allerdings lebenden Mayröcker, kaum etwas umging, an dem auch nur eine Abarbeitung möglich gewesen wäre, suchen Falkners Gedichte Anschluss an Hölderlin, Trakl, die Expressionisten – und belegen dabei einmal mehr, dass formale Exzellenz und inhaltlicher Ernst in einer gegenwärtigen Sprechhaltung vereinbar sind, dass es sehr wohl möglich ist, in beiderlei Hinsicht hohe Ansprüche zu stellen, ohne in unterbestimmtem Raunen, magischem Deuten oder Schwulst zu enden. Allerdings, selbst wenn dieses Sprechen gelingt, bleibt doch zu fragen, was es eröffnet, welche Perspektiven es aufschließt über die Rede hinaus. Der totgesagte Park des sich selbst genügenden Gedichts ist so offenbar wahrhaftig tot, nächst dem elysischen Hain – was bringt den Autor dazu, hier einzukehren, gerade in dieses Milieu zu investieren? Das viel erörterte Verhältnis von Sprache und Welt, oder anders formuliert das elementare Misslingen, in dem wir rudern, ist zweifellos ein Phänomen, dem das poetische Denken als bislang einzige Abwehr gegenübersteht – nicht als eine schmerzfreie Zone, als ein Entwerfen von Schmerzen, ein die widerstreitenden Regionen des Hirns zärtlich vereinendes, somit auf jeden Fall christliches Unterfangen, wenn nicht gar Werkzeug der Aufklärung, ein Huf des Teufels! In dieser Spur nun unternehmen wir es, im Windschatten gleichsam einer uns schützenden Sprache, wirklich zu werden – das poetische Experiment zeigt weniger Dinge als Grenzen, ermöglicht, wenn es gelingt, den Blick durch die symbolischen Muster hindurch auf das lebendige Feld, darin sich das, was uns ausmacht, weitgehend unbegriffen ereignet. Die Gesten des Aufbruchs, des Bruchs, der gesteigerten Wahrnehmung und des Gefühls, mit denen die Gedichte Falkners uns bestricken, fordern zu Taten auf, zu Abenteuern, Laboren und Allianzen, nicht aber zum Krampf des Bewahrers, Etikettenabweichlers und Posaunisten – eher schon zum Elan des Erforschers von Genen und Gründers von Banken, wenn auch nur, um deren Büros zu verlassen und wirkliche Fragen zu meistern.

Es bleibt zu verzeichnen, dass dem hier vorgestellten Band weitere Werke folgten, deren Dasein darauf verweist, dass der Autor den Text zwar vorübergehend verließ, zu Taten auszog, sich schließlich aber doch dafür entschied, den toten Park zu bewohnen, ihn mit uns zu teilen, als ein Verlorener unter Verpeilten in diesem vergorenen Humus gärtnerisch tätig zu bleiben. Für uns Lesende zweifellos ein großes Glück, dem Autor selbst wohl in erster Linie ein Motor der Differenz, aus dem sich neuerlich Dichtungen speisen – in dem hier wiederaufgelegten Debüt finden sich die Dokumente des Beginns, Dokumente des Werdens, die uns zur Tat anleiten sollten, zur besseren Liebe, *Julia*, und, wo es zur Tat nicht reicht, dort wenigstens ein Maß abgeben, einen Merkstein setzen auf dem Weg zu wirklichen Gedichten.

Steffen Popp, Berlin, November 2006

ANMERKUNGEN

Die Fotografien stammen von Johan Lorbeer. Lorbeer, geboren 1950 in Minden, studierte in den 1970er Jahren an der Kunstakademie Nürnberg. Es folgten Aufenthalte in New York, London und Neu Delhi. Seit 1985 lebt der Bildende Künstler in Berlin. Vor allem durch sein performerisches Werk wurde er bekannt; für die Performance »Still Life« erhielt er 1996 den Karl-Hofer-Preis. Lorbeer ist Gastprofessor an der Universität der Künste, Berlin.

INHALT

www.ingramcontent.com/pod-product-compliance
Lightning Source LLC
LaVergne TN
LVHW041324080426
835513LV00008B/576